ARCHIVES NATIONALES.

DÉCRET ET ARRÊTÉ

RELATIFS

À L'ORGANISATION DES ARCHIVES NATIONALES.

PARIS.

IMPRIMERIE NATIONALE.

MAI 1887.

DÉCRET ET ARRÊTÉ

RELATIFS

À L'ORGANISATION DES ARCHIVES NATIONALES.

PARIS.

IMPRIMERIE NATIONALE.

MAI 1887.

DÉCRET ET ARRÊTÉ

RELATIFS

A L'ORGANISATION DES ARCHIVES NATIONALES.

Le Président de la République française,

Vu la loi du 7 messidor an II; l'arrêté des consuls du 8 prairial an VIII; le décret du 6 mars 1808; l'ordonnance du 5 janvier 1846; les décrets des 14 février et 14 juillet 1853, 22 décembre 1855, 22 mars et 1ᵉʳ août 1856;

Sur le rapport du Ministre de l'Instruction publique et des Beaux-Arts,

Décrète :

Art. 1ᵉʳ. La conservation et l'administration des Archives nationales sont confiées à un garde général placé sous l'autorité du Ministre de l'Instruction publique et des Beaux-Arts.

Art. 2. Les documents qu'il conserve et le service qu'il dirige sont divisés en trois sections :

1° Section historique;

2° Section législative et judiciaire;

3° Section administrative et domaniale.

Un secrétariat est chargé de la correspondance, de la comptabilité, du matériel et de la surveillance générale.

Art. 3. Le garde général est nommé et révoqué par décret.

Il est tenu de résider aux Archives nationales et ne peut s'absenter sans l'autorisation du Ministre.

En cas d'absence ou d'empêchement, il est suppléé par un chef de section désigné par le Ministre. En cas de décès, le plus ancien chef de section est de droit chargé du service jusqu'à ce que le Ministre ait statué.

Art. 4. Le personnel des Archives nationales comprend :
Trois chefs de section,
Un secrétaire,
Trois sous-chefs de section,
Dix-sept archivistes,
Deux commis pour la comptabilité et le matériel,
Un mouleur et quatorze hommes de service.

Le titre de secrétaire adjoint pourra être donné à l'un des archivistes attachés au secrétariat.

Art. 5. Les chefs de section, les secrétaires, les sous-chefs, les archivistes et les commis sont nommés, promus et révoqués par le Ministre, sur le rapport du garde général et la proposition du directeur du secrétariat et de la comptabilité.

Art. 6. La nomination, la promotion et la révocation du mouleur et des hommes de service appartiennent au garde général, qui en donnera préalablement avis au Ministre.

Art. 7. Pour obtenir un emploi aux Archives nationales, celui de commis excepté, il faut justifier du diplôme d'archiviste paléographe.

A défaut d'archivistes paléographes, les candidats devront être pourvus d'un certificat d'aptitude délivré après examen par une commission instituée à cet effet.

Art. 8. Les traitements du personnel des Archives nationales sont fixés comme suit :

Garde général. 15,000ᶠ
Chefs de section. . . { 1ʳᵉ classe. 9,000
{ 2ᵉ ———. 8,500
{ 3ᵉ ———. 8,000

Secrétaire, sous-chefs de section	1re classe	7,000^f
	2e ——	6,500
	3e ——	6,000
Archivistes	1re classe	5,000
	2e ——	4,500
	3e ——	4,000
	4e ——	3,500
	5e ——	3,000
	6e ——	2,500
Commis	1re classe	4,000
	2e ——	3,500
	3e ——	3,000
	4e ——	2,500

Mouleur, hommes de service : 7 classes de........ 1,200 à 1,800

Art. 9. Le personnel des Archives nationales prend rang, lors de la nomination ou promotion à un grade, dans la dernière classe de ce grade.

Il ne pourra être fait d'exception à cette règle qu'en faveur des archivistes paléographes ayant rempli les fonctions d'archiviste départemental au moins pendant cinq ans, et pour le grade d'archiviste seulement.

Les promotions auront lieu dans chaque grade à la classe immédiatement supérieure, sans qu'il soit possible de franchir plusieurs degrés à la fois.

A moins de titres exceptionnels, nul n'est avancé d'une classe s'il ne compte trois ans de service dans celle à laquelle il appartient.

Art. 10. Aucun fonctionnaire des Archives nationales ne peut cumuler un autre emploi avec celui qu'il occupe dans cet établissement.

Art. 11. Les peines disciplinaires applicables au personnel de tout rang des Archives nationales sont, suivant la gravité des fautes :

1° La réprimande par le garde général ;

2° La privation de traitement pendant un temps qui ne peut excéder deux mois ;

3° L'abaissement de classe;

4° La révocation.

L'application de ces trois dernières peines ne peut être prononcée que par le Ministre, sur le rapport du garde général.

Art. 12. Aucun fonctionnaire des Archives nationales ne pourra publier soit des documents tirés de ces archives, soit des travaux sur ces documents, sans l'autorisation du garde général.

Art. 13. Les administrations centrales versent directement aux Archives nationales tous les documents qui ne sont plus nécessaires au service courant des bureaux.

Ce versement doit être précédé de l'envoi d'un état sommaire en double.

Art. 14. Les papiers reconnus inutiles pourront être supprimés sur l'autorisation du Ministre de l'Instruction publique et des Beaux-Arts, qui prendra l'avis des Ministres compétents.

Art. 15. Un arrêté du Ministre de l'Instruction publique et des Beaux-Arts autorise le dépôt aux Archives nationales des documents donnés à l'État.

Art. 16. Les documents conservés aux Archives nationales ne peuvent en être retirés, pour être placés dans un autre dépôt, qu'en vertu d'un décret rendu sur le rapport du Ministre de l'Instruction publique et des Beaux-Arts.

Art. 17. La communication des documents aux administrations et aux particuliers aura lieu conformément aux règlements établis par le Ministre de l'Instruction publique et des Beaux-Arts.

Art. 18. Les expéditions de documents seront signées *pour copie conforme* par le garde général, et *pour collation* par le chef de la section à laquelle appartient l'original. Elles seront, en outre, scellées du sceau des Archives. Les frais et droits de délivrance seront relatés en marge.

Une loi de finance déterminera le tarif des droits d'expédition.

Art. 19. Le garde général présente, tous les ans, au Ministre un rapport sur l'état des locaux, les réintégrations ou dons de titres, les versements de dossiers administratifs, les suppressions de papiers inutiles, le classement des documents, la rédaction et l'impression de l'inventaire, les recherches, expéditions et communications, l'emploi des crédits et le travail du personnel.

Art. 20. Le présent décret ne sera exécutoire dans sa partie financière que suivant l'état des crédits.

Art. 21. Toutes les dispositions contraires au présent décret sont abrogées, sans qu'il soit toutefois porté préjudice aux situations personnelles résultant de l'article 6 du décret du 22 décembre 1855 et de l'article 2 du décret du 22 mars 1856 et de décrets ou arrêtés ministériels spéciaux antérieurs à sa publication.

Art. 22. Le Ministre de l'Instruction publique et des Beaux-Arts est chargé de l'exécution du présent décret, qui sera inséré au *Bulletin des lois* et au *Journal officiel.*

Fait à Paris, le 14 mai 1887.

Signé Jules GRÉVY.

Par le Président de la République :

Le Ministre de l'Instruction publique et des Beaux-Arts,

Signé BERTHELOT.

Le Ministre de l'Instruction publique et des Beaux-Arts,

Vu le décret en date du 14 mai 1887 sur l'organisation des Archives nationales,

Arrête :

DISPOSITIONS GÉNÉRALES.

Art. 1er. La répartition des documents dans les sections et dans les séries doit être maintenue conforme à l'état sommaire arrêté en 1887, qui sera publié. Aucune modification ne pourra être faite à cette situation sans l'autorisation du Ministre.

Art. 2. Tous les projets de travaux de classement et d'inventaire seront soumis à l'approbation du Ministre. Les inventaires lui seront communiqués au fur et à mesure de leur rédaction. Il en autorisera et en fera contrôler l'impression.

Art. 3. La Commission supérieure des Archives donnera son avis sur la répartition des documents dans les sections et dans les séries, le classement, la rédaction et l'impression de l'inventaire, la suppression des papiers inutiles et généralement sur toutes les questions d'ordre technique et scientifique.

Art. 4. Le fonctionnement des services des Archives nationales sera vérifié annuellement, soit par un ou plusieurs membres de la Commission supérieure désignés par le Ministre, soit par un inspecteur général.

ORDRE ET RÉPARTITION DU TRAVAIL.

Art. 5. Les heures de travail sont fixées, pour le personnel des Archives, de onze heures du matin à quatre heures du soir.

Les chefs, les secrétaires, les sous-chefs, les archivistes et les employés doivent consacrer entièrement ce temps au service dont ils sont chargés.

Art. 6. Le garde général peut employer les archivistes aux travaux d'une autre section que celle à laquelle ils sont attachés.

Art. 7. Une feuille de présence est établie pour constater l'exactitude des fonctionnaires et employés. Elle est visée, pour les sections, par les chefs, et, pour le secrétariat, par le secrétaire.

Art. 8. Durant les heures de travail, les sous-chefs, archivistes et employés ne doivent point s'absenter sans l'autorisation de leur chef.

Art. 9. S'ils sont retenus chez eux par une maladie ou tout autre empêchement légitime, ils doivent en informer immédiatement leur chef qui en avisera le garde général.

En cas de maladie, si l'absence se prolonge au delà de trois jours, le garde général fera constater l'état du malade par le médecin de l'administration.

Si l'absence dépasse une semaine, il en donnera avis au Ministre.

Art. 10. Le garde général soumet au Ministre l'état des congés à accorder pendant l'année aux fonctionnaires et employés.

Art. 11. Les fonctionnaires et employés ne peuvent, sous quelque prétexte que ce soit, emporter au dehors aucun document, registre, carton, portefeuille, liasse, dossier ou pièce détachée.

Art. 12. Il leur est interdit de faire collection pour eux-mêmes ou acquisition pour autrui d'autographes et de pièces d'archives.

Art. 13. Les fonctionnaires honoraires des Archives nationales pourront obtenir du garde général des facilités pour leurs travaux. Toutefois ils seront soumis à la même discipline que les archivistes titulaires.

SERVICE DES DÉPÔTS.

ART. 14. Tout document extrait d'un dépôt est immédiatement remplacé par une fiche signée, datée et portant la cote du registre, carton, liasse ou dossier, ainsi que l'indication du service pour lequel le déplacement a eu lieu.

Les documents consultés dans les dépôts doivent être remis à leur place sans délai.

ART. 15. A moins d'une permission spéciale du garde général, nulle personne étrangère à l'établissement ne peut pénétrer dans les dépôts ni dans les bureaux.

L'accès des dépôts ne peut avoir lieu que sous la surveillance d'un archiviste ou d'un employé désigné à cet effet.

COMMUNICATIONS ET EXPÉDITIONS.

ART. 16. Les documents ayant moins de cinquante ans de date et déposés aux Archives nationales par les administrations centrales ne peuvent être communiqués au public que sur l'autorisation des ministres qui ont fait le versement. Cette autorisation sera demandée par le garde général.

La communication des documents diplomatiques est subordonnée, en ce qui concerne la période antérieure à 1790, aux règlements fixés pour les archives du Ministère des Affaires étrangères, et à l'autorisation de ce même Ministère pour toute la période postérieure.

Les documents confidentiels ayant plus de cinquante ans de date et intéressant la personnalité ou le rôle des hommes publics sont réservés jusqu'après leur mort.

Les papiers des familles encore existantes, provenant de séquestres et n'ayant qu'un intérêt privé, ne peuvent être communiqués qu'avec l'autorisation de ces familles.

En cas de difficulté, le garde général en référera au Ministre de l'Instruction publique et des Beaux-Arts.

Art. 17. Les demandes de recherches par les particuliers seront motivées et formulées sur des bulletins qui devront être tout préparés. Les parties y porteront leurs noms, qualités et domicile et les signeront. L'autorisation, donnée, s'il y a lieu, par le garde général, sera inscrite au bas de chaque bulletin.

Il sera tenu, pour les demandes de recherches des particuliers, un registre sur lequel on mentionnera la cote des pièces communiquées.

Art. 18. Les expéditions ou extraits de pièces déposées aux Archives nationales ne seront délivrés que sur demande écrite. Les demandeurs devront consigner à l'avance le montant des droits à percevoir.

Conformément à l'article 7 de la loi du 12 septembre 1791, il sera délivré sans frais aux administrations, dans l'intérêt des divers services de l'État et des départements, des extraits ou copies d'actes, titres et autres documents déposés aux Archives nationales. Mention sera faite au bas de ces pièces de l'administration à laquelle elles sont destinées.

Des expéditions et extraits seront également délivrés sans frais aux indigents et aux assistés judiciaires, conformément aux articles 1, 4, 5, 7 de la loi du 10-18 décembre 1850 et aux articles 16 et 17 de la loi du 22 janvier 1851. Mention des motifs de la délivrance et de la loi qui l'autorise sera faite au bas de la copie ou de l'extrait.

A l'égard des copies ou calques de plans, les administrations, de même que les particuliers, les feront exécuter par les hommes de l'art, qui devront prendre les précautions requises pour éviter la détérioration des documents.

Il sera tenu un registre spécial des expéditions et extraits indiquant les noms et qualités des parties qui les ont demandés, la nature des pièces, le nombre des rôles, le montant des droits perçus, la date de la perception et celle du versement au Trésor. Il sera fait mention sur ce registre des expéditions et extraits délivrés sans frais.

Art. 19. Lorsqu'une pièce ou un dossier déposé aux Archives par une administration centrale sera nécessaire pour un objet de service, le ministre compétent pourra demander qu'on le lui remette, sous sa responsabilité, pour un temps déterminé. A l'expiration de ce terme, le garde général réclamera les pièces communiquées.

Il sera tenu pour les prêts de ce genre un registre spécial qui mentionnera la date de la demande, la nature et l'objet de la pièce ou du dossier, les nom et emploi du délégué de l'administration, la date présumée de la communication, la date de la sortie, la date de la rentrée. Ce registre sera émargé à la sortie par le délégué dont il s'agit, et à la rentrée par le secrétaire des archives.

ART. 20. Les demandes de recherches, communications et expéditions seront faites et les réponses données au bureau des renseignements, qui est ouvert tous les jours non fériés, de onze heures du matin à quatre heures du soir.

SALLE DE TRAVAIL.

ART. 21. La salle de travail est ouverte aux personnes autorisées par le garde général tous les jours non fériés, de dix heures du matin à cinq heures du soir.

Les documents sont apportés des dépôts de onze heures à quatre heures.

Exceptionnellement, le Ministre pourra donner, sur l'avis du garde général, des autorisations spéciales de commencer la séance à neuf heures du matin et de la prolonger jusqu'à six heures du soir.

ART. 22. La salle de travail est placée sous la surveillance du secrétaire des Archives et présidée par un archiviste désigné par le garde général.

ART. 23. Tout document donné en communication sera préalablement estampillé.

En règle générale, on ne doit communiquer qu'un dossier à la fois.

Art. 24. Les lecteurs munis de livres ou de portefeuilles devront, en partant, les soumettre à la vérification du président da la salle, qui leur délivrera un laissez-passer.

Art. 25. L'autorisation de fréquenter la salle de travail pourra être retirée aux personnes qui causeraient du désordre ou refuseraient de se soumettre aux prescriptions formulées par le garde général pour la conservation des documents.

Art. 26. Le garde général réglera tous les détails du service intérieur. Il portera ses décisions à la connaissance du Ministre.

Art. 27. Le garde général des Archives nationales est chargé de l'exécution du présent arrêté.

Fait à Paris, le 16 mai 1887.

Signé BERTHELOT.

www.ingramcontent.com/pod-product-compliance
Lightning Source LLC
LaVergne TN
LVHW050244030726
842520LV00006B/2178